Guest Book

Celebrating

_____

_____

_____

Date

_____

_____

_____

Place

_____

_____

_____

Guest Name

_____

Message to Treasure

_____
_____
_____
_____

Guest Name

_____

Message to Treasure

_____

Guest Name

_____

Message to Treasure

_____
_____
_____
_____

Guest Name

_____

Message to Treasure

_____
_____
_____
_____

Guest Name

_____

_____

Message to Treasure

_____

_____

_____

_____

Guest Name

_____

_____

Message to Treasure

_____

_____

_____

_____

Guest Name

_____

_____

Message to Treasure

_____

_____

_____

_____

Guest Name

_____

_____

Message to Treasure

_____

_____

_____

_____

Guest Name

_____

_____

Message to Treasure

_____

_____

_____

_____

_____

Guest Name

_____

_____

Message to Treasure

_____

_____

_____

_____

_____

Guest Name

_____

_____

Message to Treasure

_____

_____

_____

_____

_____

Guest Name

_____

_____

Message to Treasure

_____

_____

_____

_____

_____

Guest Name

_____

Message to Treasure

_____

_____

_____

_____

Guest Name

_____

Message to Treasure

_____

_____

_____

_____

Guest Name

_____

Message to Treasure

_____

_____

_____

_____

Guest Name

_____

Message to Treasure

_____

_____

_____

_____

Guest Name

_____

Message to Treasure

_____

_____

_____

_____

_____

Guest Name

_____

Message to Treasure

_____

_____

_____

_____

_____

Guest Name

_____

Message to Treasure

_____

_____

_____

_____

_____

Guest Name

_____

Message to Treasure

_____

_____

_____

_____

_____

Guest Name

_____

Message to Treasure

_____

_____

_____

_____

Guest Name

_____

Message to Treasure

_____

_____

_____

_____

Guest Name

_____

Message to Treasure

_____

_____

_____

_____

Guest Name

_____

Message to Treasure

_____

_____

_____

_____

Guest Name

_____

Message to Treasure

_____

_____

_____

_____

_____

Guest Name

_____

Message to Treasure

_____

_____

_____

_____

_____

Guest Name

_____

Message to Treasure

_____

_____

_____

_____

_____

Guest Name

_____

Message to Treasure

_____

_____

_____

_____

_____

Guest Name

_____

Message to Treasure

_____

_____

_____

_____

Guest Name

_____

Message to Treasure

_____

_____

_____

_____

Guest Name

_____

Message to Treasure

_____

_____

_____

_____

Guest Name

_____

Message to Treasure

_____

_____

_____

_____

Guest Name

_____

_____

Message to Treasure

_____

_____

_____

_____

_____

Guest Name

_____

_____

Message to Treasure

_____

_____

_____

_____

_____

Guest Name

_____

_____

Message to Treasure

_____

_____

_____

_____

_____

Guest Name

_____

_____

Message to Treasure

_____

_____

_____

_____

_____

Guest Name

_____

Message to Treasure

_____

_____

_____

_____

_____

Guest Name

_____

Message to Treasure

_____

_____

_____

_____

_____

Guest Name

_____

Message to Treasure

_____

_____

_____

_____

_____

Guest Name

_____

Message to Treasure

_____

_____

_____

_____

_____

Guest Name

_____

_____

Message to Treasure

_____

_____

_____

_____

_____

Guest Name

_____

_____

Message to Treasure

_____

_____

_____

_____

_____

Guest Name

_____

_____

Message to Treasure

_____

_____

_____

_____

_____

Guest Name

_____

_____

Message to Treasure

_____

_____

_____

_____

_____

Guest Name

_____

_____

Message to Treasure

_____

_____

_____

_____

Guest Name

_____

_____

Message to Treasure

_____

_____

_____

_____

Guest Name

_____

_____

Message to Treasure

_____

_____

_____

_____

Guest Name

_____

_____

Message to Treasure

_____

_____

_____

_____

Guest Name

_____

_____

Message to Treasure

_____

_____

_____

_____

_____

Guest Name

_____

_____

Message to Treasure

_____

_____

_____

_____

_____

Guest Name

_____

_____

Message to Treasure

_____

_____

_____

_____

_____

Guest Name

_____

_____

Message to Treasure

_____

_____

_____

_____

_____

Guest Name

_____

Message to Treasure

_____

_____

_____

_____

_____

Guest Name

_____

Message to Treasure

_____

_____

_____

_____

_____

Guest Name

_____

Message to Treasure

_____

_____

_____

_____

_____

Guest Name

_____

Message to Treasure

_____

_____

_____

_____

_____

Guest Name

_____

Message to Treasure

_____

_____

_____

_____

Guest Name

_____

Message to Treasure

_____

_____

_____

_____

Guest Name

_____

Message to Treasure

_____

_____

_____

_____

Guest Name

_____

Message to Treasure

_____

_____

_____

_____

Guest Name

_____

_____

Message to Treasure

_____

_____

_____

_____

Guest Name

_____

_____

Message to Treasure

_____

_____

_____

_____

Guest Name

_____

_____

Message to Treasure

_____

_____

_____

_____

Guest Name

_____

_____

Message to Treasure

_____

_____

_____

_____

Guest Name

_____

_____

Message to Treasure

_____

_____

_____

_____

Guest Name

_____

_____

Message to Treasure

_____

_____

_____

_____

Guest Name

_____

_____

Message to Treasure

_____

_____

_____

_____

Guest Name

_____

_____

Message to Treasure

_____

_____

_____

_____

Guest Name

_____

_____

Message to Treasure

_____

_____

_____

_____

_____

Guest Name

_____

_____

Message to Treasure

_____

_____

_____

_____

_____

Guest Name

_____

_____

Message to Treasure

_____

_____

_____

_____

_____

Guest Name

_____

_____

Message to Treasure

_____

_____

_____

_____

_____

Guest Name

_____

_____

Message to Treasure

_____

_____

_____

_____

_____

Guest Name

_____

_____

Message to Treasure

_____

_____

_____

_____

_____

Guest Name

_____

_____

Message to Treasure

_____

_____

_____

_____

_____

Guest Name

_____

_____

Message to Treasure

_____

_____

_____

_____

_____

Guest Name

_____

Message to Treasure

_____
_____
_____
_____
_____

Guest Name

_____

Message to Treasure

_____
_____
_____
_____
_____

Guest Name

_____

Message to Treasure

_____
_____
_____
_____
_____

Guest Name

_____

Message to Treasure

_____
_____
_____
_____
_____

Guest Name

_____

_____

Message to Treasure

_____

_____

_____

_____

_____

Guest Name

_____

_____

Message to Treasure

_____

_____

Message to Treasure

_____

_____

_____

_____

_____

Guest Name

_____

_____

Message to Treasure

_____

_____

_____

_____

_____

Guest Name

_____

Message to Treasure

_____

_____

_____

_____

Guest Name

_____

Message to Treasure

_____

_____

_____

_____

Guest Name

_____

Message to Treasure

_____

_____

_____

_____

Guest Name

_____

Message to Treasure

_____

_____

_____

_____

Guest Name

_____

Message to Treasure

_____
_____
_____
_____

Guest Name

_____

Message to Treasure

_____
_____
_____
_____

Guest Name

_____

Message to Treasure

_____
_____
_____
_____

Guest Name

_____

Message to Treasure

_____
_____
_____
_____

Guest Name

_____

_____

Message to Treasure

_____

_____

_____

_____

Guest Name

_____

_____

Message to Treasure

_____

_____

_____

_____

Guest Name

_____

_____

Message to Treasure

_____

_____

_____

_____

Guest Name

_____

_____

Message to Treasure

_____

_____

_____

_____

Guest Name

_____

_____

Message to Treasure

_____

_____

_____

_____

_____

Guest Name

_____

_____

Message to Treasure

_____

_____

_____

_____

_____

Guest Name

_____

_____

Message to Treasure

_____

_____

_____

_____

_____

Guest Name

_____

_____

Message to Treasure

_____

_____

_____

_____

_____

Guest Name

_____
_____

Message to Treasure

_____
_____
_____
_____
_____

Guest Name

_____
_____

Message to Treasure

_____
_____
_____
_____
_____

Guest Name

_____
_____

Message to Treasure

_____
_____
_____
_____
_____

Guest Name

_____
_____

Message to Treasure

_____
_____
_____
_____
_____

Guest Name

_____

Message to Treasure

_____

_____

_____

_____

_____

Guest Name

_____

Message to Treasure

_____

_____

_____

_____

_____

Guest Name

_____

Message to Treasure

_____

_____

_____

_____

_____

Guest Name

_____

Message to Treasure

_____

_____

_____

_____

_____

Guest Name

_____

Message to Treasure

_____

_____

_____

_____

Guest Name

_____

Message to Treasure

_____

_____

_____

_____

Guest Name

_____

Message to Treasure

_____

_____

_____

_____

Guest Name

_____

Message to Treasure

_____

_____

_____

_____

Guest Name

_____

_____

Message to Treasure

_____

_____

_____

_____

_____

Guest Name

_____

_____

Message to Treasure

_____

_____

_____

_____

_____

Guest Name

_____

_____

Message to Treasure

_____

_____

_____

_____

_____

Guest Name

_____

_____

Message to Treasure

_____

_____

_____

_____

_____

Guest Name

_____

Message to Treasure

_____

_____

_____

_____

Guest Name

_____

Message to Treasure

_____

_____

_____

_____

Guest Name

_____

Message to Treasure

_____

_____

_____

_____

Guest Name

_____

Message to Treasure

_____

_____

_____

_____

Guest Name

_____
_____

Message to Treasure

_____
_____
_____
_____
_____

Guest Name

_____
_____

Message to Treasure

_____
_____

Message to Treasure

_____
_____
_____
_____
_____

Guest Name

_____
_____

Message to Treasure

_____
_____
_____
_____
_____

Guest Name

_____

_____

Message to Treasure

_____

_____

_____

_____

_____

Guest Name

_____

_____

Message to Treasure

_____

_____

_____

_____

_____

Guest Name

_____

_____

Message to Treasure

_____

_____

_____

_____

_____

Guest Name

_____

_____

Message to Treasure

_____

_____

_____

_____

_____

Guest Name

_____

_____

Message to Treasure

_____

_____

_____

_____

_____

Guest Name

_____

_____

Message to Treasure

_____

_____

_____

_____

_____

Guest Name

_____

_____

Message to Treasure

_____

_____

_____

_____

_____

Guest Name

_____

_____

Message to Treasure

_____

_____

_____

_____

_____

Guest Name

_____

Message to Treasure

_____

_____

_____

_____

Guest Name

_____

Message to Treasure

_____

_____

_____

_____

Guest Name

_____

Message to Treasure

_____

_____

_____

_____

Guest Name

_____

Message to Treasure

_____

_____

_____

_____

Guest Name

_____

_____

Message to Treasure

_____

_____

_____

_____

_____

Guest Name

_____

_____

Message to Treasure

_____

_____

_____

_____

_____

Guest Name

_____

_____

Message to Treasure

_____

_____

_____

_____

_____

Guest Name

_____

_____

Message to Treasure

_____

_____

_____

_____

_____

Guest Name

_____

Message to Treasure

_____
_____
_____
_____

Guest Name

_____

Message to Treasure

_____
_____
_____
_____

Guest Name

_____

Message to Treasure

_____
_____
_____
_____

Guest Name

_____

Message to Treasure

_____
_____
_____
_____

Guest Name

_____
_____

Message to Treasure

_____
_____
_____
_____
_____

Guest Name

_____
_____

Message to Treasure

_____
_____
_____
_____
_____

Guest Name

_____
_____

Message to Treasure

_____
_____
_____
_____
_____

Guest Name

_____
_____

Message to Treasure

_____
_____
_____
_____
_____

Guest Name

_____

Message to Treasure

_____

_____

_____

_____

Guest Name

_____

Message to Treasure

_____

_____

_____

_____

Guest Name

_____

Message to Treasure

_____

_____

_____

_____

Guest Name

_____

Message to Treasure

_____

_____

_____

_____

Guest Name

_____

Message to Treasure

_____

_____

_____

_____

Guest Name

_____

Message to Treasure

_____

_____

_____

_____

Guest Name

_____

Message to Treasure

_____

_____

_____

_____

Guest Name

_____

Message to Treasure

_____

_____

_____

_____

Guest Name

_____

Message to Treasure

_____

_____

_____

_____

Guest Name

_____

Message to Treasure

_____

_____

_____

_____

Guest Name

_____

Message to Treasure

_____

_____

_____

_____

Guest Name

_____

Message to Treasure

_____

_____

_____

_____

Guest Name

_____

Message to Treasure

_____

_____

_____

_____

Guest Name

_____

Message to Treasure

_____

_____

_____

_____

Guest Name

_____

Message to Treasure

_____

_____

_____

_____

Guest Name

_____

Message to Treasure

_____

_____

_____

_____

Guest Name

_____

Message to Treasure

_____

_____

_____

_____

_____

Guest Name

_____

Message to Treasure

_____

_____

_____

_____

Guest Name

_____

Message to Treasure

_____

_____

_____

_____

_____

Guest Name

_____

Message to Treasure

_____

_____

_____

_____

Guest Name

_____

_____

Message to Treasure

_____

_____

_____

_____

_____

Guest Name

_____

_____

Message to Treasure

_____

_____

_____

_____

_____

Guest Name

_____

_____

Message to Treasure

_____

_____

_____

_____

_____

Guest Name

_____

_____

Message to Treasure

_____

_____

_____

_____

_____

Guest Name

_____

Message to Treasure

_____
_____
_____
_____

Guest Name

_____

Message to Treasure

_____
_____
_____
_____

Guest Name

_____

Message to Treasure

_____
_____
_____
_____

Guest Name

_____

Message to Treasure

_____
_____
_____
_____

Guest Name

_____

_____

Message to Treasure

_____

_____

_____

_____

_____

Guest Name

_____

_____

Message to Treasure

_____

_____

_____

_____

_____

Guest Name

_____

_____

Message to Treasure

_____

_____

_____

_____

_____

Guest Name

_____

_____

Message to Treasure

_____

_____

_____

_____

_____

Guest Name

_____
_____

Message to Treasure

_____
_____
_____
_____
_____

Guest Name

_____
_____

Message to Treasure

_____
_____
_____
_____
_____

Guest Name

_____
_____

Message to Treasure

_____
_____
_____
_____
_____

Guest Name

_____
_____

Message to Treasure

_____
_____
_____
_____
_____

Guest Name

_____

_____

Message to Treasure

_____

_____

_____

_____

_____

Guest Name

_____

_____

Message to Treasure

_____

_____

_____

_____

_____

Guest Name

_____

_____

Message to Treasure

_____

_____

_____

_____

_____

Guest Name

_____

_____

Message to Treasure

_____

_____

_____

_____

_____

Guest Name

_____

_____

Message to Treasure

_____

_____

_____

_____

_____

Guest Name

_____

_____

Message to Treasure

_____

_____

_____

_____

_____

Guest Name

_____

_____

Message to Treasure

_____

_____

_____

_____

_____

Guest Name

_____

_____

Message to Treasure

_____

_____

_____

_____

_____

Guest Name

_____

Message to Treasure

_____

_____

_____

_____

_____

Guest Name

_____

Message to Treasure

_____

_____

_____

_____

Guest Name

_____

Message to Treasure

_____

_____

_____

_____

_____

Guest Name

_____

Message to Treasure

_____

_____

_____

_____

Guest Name

_____

Message to Treasure

_____

_____

_____

_____

_____

Guest Name

_____

Message to Treasure

_____

_____

_____

_____

_____

Guest Name

_____

Message to Treasure

_____

_____

_____

_____

_____

Guest Name

_____

Message to Treasure

_____

_____

_____

_____

_____

Guest Name

_____

Message to Treasure

_____

_____

_____

_____

_____

Guest Name

_____

Message to Treasure

_____

_____

_____

_____

_____

Guest Name

_____

Message to Treasure

_____

_____

_____

_____

_____

Guest Name

_____

Message to Treasure

_____

_____

_____

_____

_____

Guest Name

_____

Message to Treasure

_____

_____

_____

_____

_____

Guest Name

_____

Message to Treasure

_____

_____

_____

_____

_____

Guest Name

_____

Message to Treasure

_____

_____

_____

_____

_____

Guest Name

_____

Message to Treasure

_____

_____

_____

_____

_____

Guest Name

_____

_____

Message to Treasure

_____

_____

_____

_____

_____

Guest Name

_____

_____

Message to Treasure

_____

_____

_____

_____

_____

Guest Name

_____

_____

Message to Treasure

_____

_____

_____

_____

_____

Guest Name

_____

_____

Message to Treasure

_____

_____

_____

_____

_____

Guest Name

_____

Message to Treasure

_____
_____
_____
_____

Guest Name

_____

Message to Treasure

_____
_____
_____
_____

Guest Name

_____

Message to Treasure

_____
_____
_____
_____

Guest Name

_____

Message to Treasure

_____
_____
_____
_____

Guest Name

_____

Message to Treasure

_____

_____

_____

_____

Guest Name

_____

Message to Treasure

_____

_____

_____

_____

Guest Name

_____

Message to Treasure

_____

_____

_____

_____

Guest Name

_____

Message to Treasure

_____

_____

_____

_____

Guest Name

_____

Message to Treasure

_____

_____

_____

_____

Guest Name

_____

Message to Treasure

_____

_____

_____

_____

Guest Name

_____

Message to Treasure

_____

_____

_____

_____

Guest Name

_____

Message to Treasure

_____

_____

_____

_____

Guest Name

_____

_____

Message to Treasure

_____

_____

_____

_____

Guest Name

_____

_____

Message to Treasure

_____

_____

_____

_____

Guest Name

_____

_____

Message to Treasure

_____

_____

_____

_____

Guest Name

_____

_____

Message to Treasure

_____

_____

_____

_____

Guest Name

_____

Message to Treasure

_____

_____

_____

_____

Guest Name

_____

Message to Treasure

_____

_____

_____

_____

Guest Name

_____

Message to Treasure

_____

_____

_____

_____

Guest Name

_____

Message to Treasure

_____

_____

_____

_____

Guest Name

_____

_____

Message to Treasure

_____

_____

_____

_____

_____

Guest Name

_____

_____

Message to Treasure

_____

_____

_____

_____

_____

Guest Name

_____

_____

Message to Treasure

_____

_____

_____

_____

_____

Guest Name

_____

_____

Message to Treasure

_____

_____

_____

_____

_____

Guest Name

_____

Message to Treasure

_____

_____

_____

_____

Guest Name

_____

Message to Treasure

_____

_____

_____

_____

Guest Name

_____

Message to Treasure

_____

_____

_____

_____

Guest Name

_____

Message to Treasure

_____

_____

_____

_____

Guest Name

_____

Message to Treasure

_____

_____

_____

_____

Guest Name

_____

Message to Treasure

_____

_____

_____

_____

Guest Name

_____

Message to Treasure

_____

_____

_____

_____

Guest Name

_____

Message to Treasure

_____

_____

_____

_____

Guest Name

_____

Message to Treasure

_____

_____

_____

_____

Guest Name

_____

Message to Treasure

_____

_____

_____

_____

_____

Guest Name

_____

Message to Treasure

_____

_____

_____

_____

Guest Name

_____

Message to Treasure

_____

_____

_____

_____

_____

Guest Name

_____

Message to Treasure

_____

_____

_____

_____

Guest Name

_____

Message to Treasure

_____

_____

_____

_____

Guest Name

_____

Message to Treasure

_____

_____

_____

_____

Guest Name

_____

Message to Treasure

_____

_____

_____

_____

Guest Name

_____

Message to Treasure

_____

_____

_____

_____

Guest Name

_____

Message to Treasure

_____

_____

_____

_____

Guest Name

_____

Message to Treasure

_____

_____

_____

_____

Guest Name

_____

Message to Treasure

_____

_____

_____

_____

Guest Name

_____

Message to Treasure

_____

_____

_____

_____

Guest Name

_____

Message to Treasure

_____

_____

_____

_____

Guest Name

_____

Message to Treasure

_____

_____

_____

_____

Guest Name

_____

Message to Treasure

_____

_____

_____

_____

Guest Name

_____

Message to Treasure

_____

_____

_____

_____

Guest Name

_____

Message to Treasure

_____

_____

_____

_____

Guest Name

_____

Message to Treasure

_____

_____

_____

_____

Guest Name

_____

Message to Treasure

_____

_____

_____

_____

Guest Name

_____

Message to Treasure

_____

_____

_____

_____

Guest Name

_____

Message to Treasure

_____

_____

_____

_____

Guest Name

_____

Message to Treasure

_____

_____

_____

_____

Guest Name

_____

Message to Treasure

_____

_____

_____

_____

Guest Name

_____

Message to Treasure

_____

_____

_____

_____

Guest Name

_____

Message to Treasure

_____

_____

_____

_____

Guest Name

_____

Message to Treasure

_____

_____

_____

_____

Guest Name

_____

Message to Treasure

_____

_____

_____

_____

Guest Name

_____

Message to Treasure

_____

_____

_____

_____

Guest Name

_____

Message to Treasure

_____

_____

_____

_____

Guest Name

_____

Message to Treasure

_____

_____

_____

_____

Guest Name

_____

Message to Treasure

_____

_____

_____

_____

Guest Name

_____

Message to Treasure

_____

_____

_____

_____

Guest Name

_____

Message to Treasure

_____

_____

_____

_____

Guest Name

_____

Message to Treasure

_____

_____

_____

_____

Guest Name

_____

Message to Treasure

_____

_____

_____

_____

Guest Name

_____

Message to Treasure

_____

_____

_____

_____

Guest Name

_____

Message to Treasure

_____

_____

_____

_____

Guest Name

_____

Message to Treasure

_____

_____

_____

_____

Guest Name

_____

Message to Treasure

_____

_____

_____

_____

Guest Name

_____

Message to Treasure

_____

_____

_____

_____

Guest Name

_____

Message to Treasure

_____

_____

_____

_____

Guest Name

_____

Message to Treasure

_____

_____

_____

_____

Guest Name

_____

Message to Treasure

_____

_____

_____

_____

Guest Name

_____

Message to Treasure

_____

_____

_____

_____

Guest Name

_____

Message to Treasure

_____

_____

_____

_____

Guest Name

_____

Message to Treasure

_____

_____

_____

_____

Guest Name

_____

Message to Treasure

_____

_____

_____

_____

Guest Name

_____

Message to Treasure

_____

_____

_____

_____

_____

Guest Name

_____

Message to Treasure

_____

_____

_____

_____

_____

Guest Name

_____

Message to Treasure

_____

_____

_____

_____

_____

Guest Name

_____

Message to Treasure

_____

_____

_____

_____

_____

Guest Name

_____

Message to Treasure

_____

_____

_____

_____

Guest Name

_____

Message to Treasure

_____

_____

_____

_____

Guest Name

_____

Message to Treasure

_____

_____

_____

_____

Guest Name

_____

Message to Treasure

_____

_____

_____

_____

Guest Name

_____

Message to Treasure

_____

_____

_____

_____

Guest Name

_____

Message to Treasure

_____

_____

_____

_____

Guest Name

_____

Message to Treasure

_____

_____

_____

_____

Guest Name

_____

Message to Treasure

_____

_____

_____

_____

Guest Name

_____

Message to Treasure

_____

_____

_____

_____

Guest Name

_____

Message to Treasure

_____

_____

_____

_____

Guest Name

_____

Message to Treasure

_____

_____

_____

_____

Guest Name

_____

Message to Treasure

_____

_____

_____

_____

Guest Name

_____

Message to Treasure

_____

_____

_____

_____

Guest Name

_____

Message to Treasure

_____

_____

_____

_____

Guest Name

_____

Message to Treasure

_____

_____

_____

_____

Guest Name

_____

Message to Treasure

_____

_____

_____

_____

Guest Name

_____

Message to Treasure

_____

_____

_____

_____

Guest Name

_____

Message to Treasure

_____

_____

_____

_____

Guest Name

_____

Message to Treasure

_____

_____

_____

_____

Guest Name

_____

Message to Treasure

_____

_____

_____

_____

Guest Name

_____

Message to Treasure

_____

_____

_____

_____

Guest Name

_____

Message to Treasure

_____

_____

_____

_____

Guest Name

_____

Message to Treasure

_____

_____

_____

_____

Guest Name

_____

Message to Treasure

_____

_____

_____

_____

Gift Giver

Gift Description

_____   _____

_____   _____

_____   _____

_____   _____

_____   _____

_____   _____

_____   _____

_____   _____

_____   _____

_____   _____

_____   _____

_____   _____

_____   _____

_____   _____

_____   _____

Gift Giver

Gift Description

_____   _____

_____   _____

_____   _____

_____   _____

_____   _____

_____   _____

_____   _____

_____   _____

_____   _____

_____   _____

_____   _____

_____   _____

_____   _____

_____   _____

Gift Giver

Gift Description

_____   _____

_____   _____

_____   _____

_____   _____

_____   _____

_____   _____

_____   _____

_____   _____

_____   _____

_____   _____

_____   _____

_____   _____

_____   _____

_____   _____

Gift Giver

Gift Description

_____ _____
_____ _____
_____ _____
_____ _____
_____ _____
_____ _____
_____ _____
_____ _____
_____ _____
_____ _____
_____ _____
_____ _____
_____ _____
_____ _____

Gift Giver

Gift Description

_____

_____

_____

_____

_____

_____

_____

_____

_____

_____

_____

_____

_____

_____

Gift Giver

Gift Description

_____   _____

_____   _____

_____   _____

_____   _____

_____   _____

_____   _____

_____   _____

_____   _____

_____   _____

_____   _____

_____   _____

_____   _____

_____   _____

_____   _____

_____   _____

Gift Giver

Gift Description

_____   _____

_____   _____

_____   _____

_____   _____

_____   _____

_____   _____

_____   _____

_____   _____

_____   _____

_____   _____

_____   _____

_____   _____

_____   _____

_____   _____

_____   _____

Gift Giver

Gift Description

_____   _____

_____   _____

_____   _____

_____   _____

_____   _____

_____   _____

_____   _____

_____   _____

_____   _____

_____   _____

_____   _____

_____   _____

_____   _____

_____   _____

_____   _____

Gift Giver

Gift Description

_____

_____

_____

_____

_____

_____

_____

_____

_____

_____

_____

_____

_____

_____

_____

_____

Gift Giver

Gift Description

_____

_____

_____

_____

_____

_____

_____

_____

_____

_____

_____

_____

_____

_____

_____

Picture Memories

Picture Memories

Picture Memories

Picture Memories

Picture Memories

Picture Memories

Picture Memories

Picture Memories

Picture Memories

Picture Memories

Picture Memories

Picture Memories

Picture Memories

Picture Memories

Picture Memories

Picture Memories

Picture Memories

Picture Memories

Picture Memories

Picture Memories

Picture Memories

Picture Memories

Picture Memories

Picture Memories

Picture Memories

Picture Memories

Picture Memories

Picture Memories

Picture Memories

Picture Memories

Printed in Great Britain
by Amazon